MW01711306

Le Petit Poucet

AUZOU

Il était une fois un bûcheron et une bûcheronne qui habitaient dans une petite chaumière dans les bois.

Ils avaient sept garçons.
La famille était très pauvre. Leur dernier fils, le plus rusé de tous, était si petit à la naissance qu'on l'avait surnommé le Petit Poucet. Un soir, le jeune garçon, caché sous la table, entendit son père dire à sa mère :
« Hélas ! Le pain vient à manquer. Nous ne pouvons plus nourrir nos enfants. Demain, nous les emmènerons ramasser du bois dans la forêt et nous les perdrons. »

Le lendemain matin, le Petit Poucet mit dans ses poches des petits cailloux blancs. Lorsqu'ils prirent la route, le Petit Poucet marcha en dernier en semant les cailloux derrière lui. Ainsi, le soir venu, ses frères et lui pourraient retrouver le chemin de la maison.

Ils marchèrent si longtemps que les enfants s'endormirent sous un chêne géant, au plus profond des bois. Le père et la mère en profitèrent pour les abandonner.
Quand ils se réveillèrent, la nuit était tombée.
Se voyant seuls, ils se mirent à pleurer.
« Nous sommes perdus ! Qu'allons-nous devenir ? »
Mais aussitôt, le Petit Poucet leur rendit courage.
« Ne vous en faites pas mes frères.
Suivez-moi, je vais vous ramener à la maison. »

Grâce aux cailloux blancs, ils purent rentrer sans difficulté à la maison. Leurs parents furent très heureux de les retrouver car on venait de leur apporter un gros morceau de pain et ils étaient ravis de le partager avec leurs enfants. Mais une semaine plus tard, la nourriture manqua de nouveau. Le Petit Poucet entendit que leurs parents voulaient encore les perdre. Malheureusement, ce jour-là, il n'eut pas le temps de ramasser des cailloux et décida de semer des miettes de sa tartine.

Quand ils furent arrivés au milieu de la forêt, le père leur dit : « Je vais aller couper du bois plus loin avec votre mère. Faites des fagots avec des brindilles et attendez-nous. »
Les enfants ramassèrent beaucoup de bois, mais en fin de journée, les parents n'étaient toujours pas là.
« Nous sommes perdus ! Nous allons être mangés par les loups ! crièrent-ils en pleurs.
– Ne vous en faites pas, dit le Petit Poucet, suivez-moi, je vais vous ramener à la maison ! »

Malheureusement, les oiseaux avaient mangé toutes les miettes de pain et le Petit Poucet ne put retrouver son chemin.

Il grimpa alors sur un arbre et vit de la lumière non loin. Il redescendit de l'arbre et guida ses frères devant une jolie maison. Ils frappèrent à la porte :

« Qui est-ce ? demanda une femme.

– Nous sommes sept frères égarés.
Pouvez-vous nous abriter pour la nuit ?

– Hélas, mes pauvres ! Vous êtes devant la maison d'un ogre qui dévore les enfants.

– Mais nous ne pouvons rester dehors !

– Dans ce cas, entrez, je vais essayer de vous cacher. »

Un peu plus tard, l'ogre arriva chez lui.
À peine entré, il renifla très fort :
« Ça sent la chair fraîche !
– Ce doit être le gigot que j'ai préparé », répondit sa femme en l'installant à table.
L'ogre dévora tout le gigot, deux jambons et dix saucissons.
Mais il continua à renifler :
« Ça sent toujours la chair fraîche !
Tu me caches quelque chose, femme ! »
L'ogre se mit à fouiller la pièce et découvrit le Petit Poucet et ses frères.
« Miam ! Sept petits enfants !
Je vais les dévorer tout de suite !
– Mais non, tu vas faire une indigestion.
Garde-les plutôt pour demain.
Je vais aller les coucher là-haut. »

La femme de l'ogre emmena les sept petits garçons dans un grand lit. Dans la même pièce dormaient les sept filles de l'ogre. Elles portaient des couronnes sur la tête.

Avant de s'endormir, le Petit Poucet échangea son bonnet et celui de ses frères avec les couronnes des petites ogresses. Pendant la nuit, l'ogre eut une grosse faim :
« Je ne peux attendre demain pour dévorer ces gamins ! »
Il alla dans la chambre, et lorsqu'il sentit sous ses mains les petits bonnets, il se jeta sur ses proies et n'en fit qu'une bouchée. Puis il se recoucha.

Le matin, le Petit Poucet et ses frères s'évadèrent. Lorsque l'ogre s'éveilla et qu'il constata qu'il avait mangé ses filles, il se mit très en colère. Il chaussa ses bottes de sept lieues et partit à la poursuite des enfants. En entendant l'ogre arriver, les frères se cachèrent derrière un rocher. Mais l'ogre, fatigué, alla s'étendre sous un arbre et s'endormit.

Le Petit Poucet en profita pour lui voler ses bottes magiques.